Publicado por Adam Gilbin

@ Wesley Lydon

Dieta Alcalina: Guía Para Principiantes De La Dieta

Alcalina Para Principiantes Que Desean Disfrutar

Todos los derechos reservados

ISBN 978-87-94477-58-1

TABLA DE CONTENIDO

pizza De Espinacas Con Queso 1

Pastel De Espinacas 4

Tomate Okra Criollo 6

Lasaña De Espinacas 8

Calabaza Al Curri 10

Bastones De Verdura Con Salsa De Aguacate 13

Licuado Purificador De Pepino Y Tomate. 15

Cereal De Quinua De Almendras 17

Combinaciones De Zanahorias Y Papas 19

Crostini Con Crema De Tomate 20

Fresa, Coco, Chía, Quinoa 23

Ensalada Dulce Y Sabrosa 25

Tofu Revuelto 26

Theplas 28

Gachas De Mijo Con Jarabe De Arce 30

Sopa De Vegetales Y Frijoles Alcalina 32

Sopa Tom Yum Alcalina 36

Papas Fritas Caseras De Calabacín 39

Pie De Mora.. 41

Compota De Frutas De Higos Y Jengibre 43

Jugo De Leche De Espinaca 45

Jugo De Tomate Y Coco... 47

Jugo De Aguacate Y Almendra 48

Ensalada De Rúcula Y Pepino 50

Ensalada De "Verduras Del Jardín" 52

Chili De Maíz Vegetal... 54

Parfait De Manzana Sin Lácteos 55

Sabroso Wrap De Aguacate... 57

Batido De Menta Y Mango 58

Broc Coli Quiche 59

Cazuela De Verduras 61

Ensalada De Coliflor Y Col Rizada A La Cúrcuma 63

Calabazas Espagueti Rellenas De Quínoa....................... 66

Rollos De Sushi Alcalinos Instantáneos 68

Ensalda De Quinoa Alcalina... 71

- Ensalada De Col Rizada 72
- Semilla-Coco-Smoothie 75
- Batido De Coco Con Limón Y Aguacate 76
- Ensalada De Melón 79
- Col Rizada De Ajo 80
- Ensalada De Patatas Y Espárragos Gou Rmet 81
- Salmón Al Curry Y Vegetales De Primavera 84
- Zucchini Marinado A La Italiana Con Tomates Secos 86
- Tabulé De Mijo 88
- Sopa Alcalina De Tomate Y Aguacate 91
- Sopa De Tortilla 93
- Tazón De Nabo 96
- Leche De Cáñamo 98
- Sopa De Aspara Zincado 99
- Sopa De Apio 101
- Albóndigas De Tofu Toscana 102
- Ensalada De Rúcula, Berros Y Menta 106
- Faláfel Alcalino Crudo 107

Pastel De Crema De Coco 110

Panes De Banana 112

Flores De Calabacín Rellenas Fritas 114

Pancakes Al Farro E Mirtilli 116

Stufato Di Ratatouille E Quinoa 118

Batido De Hojas De Menta Fresca 120

Batido De Col 122

Batido De Clavo De Cayena 124

Tomates Rellenos De Calabacín 125

Sopa De Zucchini Y Albahaca 129

Verduras De Temporada Asadas Con Crema De Ajo Elefante 132

Ensalda De Espinaca Y Ajo Rostisado 136

Receta De Tarta De Manzana 138

Receta De Donas 141

Pizza De Espinacas Con Queso

Ingredientes:

- 70 g de mantequilla
- 90 g de queso parmesano rallado
- 1 taza de queso suizo
- Espinaca congelada (al gusto)
- Sal y pimienta según sea necesario
- Polvo de ajo
- 1 taza y media de harina de almendras
- 170 g de queso crema
- 1 taza de mozzarella picada
- 2 huevos
- 1 cucharada de aceite de oliva

Direcciones:

1. Derretir la mozzarella y el queso crema en un bol durante 1 minuto en el microondas.
2. Mezclar el queso recién derretido con los huevos, la harina de almendras, el ajo en polvo, la sal y la pimienta.
3. Engrasa una sartén con aceite de oliva y distribuye la mezcla con ayuda de una espátula.
4. Hornea en horno precalentado a 220 ° C durante 10 minutos (esta será la base de la pizza).
5. Mientras tanto, hervir las espinacas y escurrir.
6. Derretir la mantequilla en una sartén y agregar el parmesano, sal y pimienta.
7. Mezclar las espinacas con la mezcla obtenida en el paso anterior y espolvorear sobre la tarta.

8. Finalmente, espolvorea con queso suizo y hornea por otros 8 minutos. Disfrute de su comida

Pastel De Espinacas

Ingredientes:

- 1 taza de hojuelas de queso suizo
- 1 taza de nata
- 1 taza de leche de coco
- 1 cucharada de mantequilla
- 10 huevos
- 1 taza de espinaca fresca
- 1/4 taza de chalotas frescas picadas
- Sal y pimienta según sea necesario

Direcciones:

1. Precalentar el horno a 180 ° C
2. Engrasar una sartén con un chorrito de aceite.
3. En un bol, bata todos los Ingredientes:s (excepto el queso hojaldrado)

4. Verter la mezcla recién obtenida en la sartén previamente preparada y espolvorear sobre el queso.
5. Hornee en el horno durante 30 minutos.
6. ¡Disfrute de su comida!

Tomate Okra Criollo

Ingredientes:

- 1/8 cucharadita Polvo de curry
- ½ cucharadita Sal
- 1/8 cucharadita Pimienta negra
- 1 cucharadita lecitina en polvo
- 4 tazas de okra en rodajas
- 1/3 taza de pimiento verde picado
- 1 taza de cebolla picada
- 2 tazas de tomates picados
- 1/8 cucharadita Tomillo

Direcciones:

1. Lave la okra, corte los extremos y rebane. Dejar de lado.

2. Picar el pimiento verde y la cebolla. En una sartén grande, sofría al vapor el pimiento verde y la cebolla hasta que estén transparentes.
3. Agregue la okra y los tomates. Agregue la mezcla de curry en polvo, sal, pimienta, lecitina y tomillo.
4. Cubra y cocine a fuego lento durante 30-40 minutos o hasta que la okra se ablande.

Lasaña De Espinacas

Ingredientes:

- 2 tazas de hamburguesas de soya (arrugadas, precocidas)
- 1 paquete Fideos de lasaña de espelta "sin hervir"
- 2 tazas de queso de soya (rallado)
- 1-2 latas de salsa de tomate (6 oz.)
- 1 paquete de espinacas frescas

Direcciones:

1. Vierta la salsa de tomate en un recipiente de vidrio. En una sartén grande, saltee las espinacas durante 5 minutos.
2. Agregue especias para dar sabor. Retire las espinacas y reserve.

3. Extienda una capa de salsa de tomate en el fondo de una fuente para horno.
4. Dependiendo del tamaño del plato, coloque 2 o 3 fideos de lasaña encima de la salsa de tomate.
5. Extienda otra capa de salsa de tomate sobre los fideos. Coloque las espinacas, las hamburguesas de soya desmenuzadas y el queso de soya encima de la capa de salsa de tomate.
6. Agregue más fideos de lasaña encima de la mezcla. Repita este procedimiento hasta que se hayan utilizado todos los Ingredientes:s.
7. Coloque la bandeja para hornear en el horno y hornee durante 30 minutos a 350-400 grados.

Calabaza Al Curri

Ingredientes:

- ¼ de cucharadita cilantro molido
- 1 cucharadita Sal
- ¼ de cucharadita Cúrcuma
- 2 tazas de caldo de verduras o agua
- 1 cucharada Aceite Udo Choice o Aceite de Oliva
- 4 tazas de calabaza moscada, pelada y cortada en cubitos
- 2 tazas de tomates frescos, cortados en cubitos
- 3 dientes de ajo, en rodajas
- 2 chiles serranos o tailandeses, sin semillas o cortados en cubitos

- ½ lata de Leche de Coco o Almendras sin azúcar 1 med. cebolla amarilla, en cuartos
- 2-4 tomates secados al sol, picados
- 1 cucharada raíz de jengibre fresca, picada
- 2 cucharaditas garam masala
- 1 cucharadita comino molido
- ½ cucharadita Canela
- 2 tazas de frijoles caritas o lentejas, cocidos
- 2 tazas de espinacas o col rizada, picadas
- 1 taza de guisantes verdes
- 3 cucharadas menta, picada

Direcciones:

1. Combine los primeros doce Ingredientes:s y 3 cucharadas. de caldo o agua en una licuadora.

2. Haga puré la mezcla hasta obtener una pasta mientras raspa los lados de la licuadora un par de veces.
3. En una cacerola grande, caliente el aceite. Agregue la pasta de especias y cocine.
4. Revuelva con frecuencia durante 10 minutos. Agregue el caldo restante, la calabaza moscada y los tomates. Cocine a fuego medio mientras revuelve con frecuencia.
5. Cocine hasta que la calabaza esté tierna o unos 20 minutos.
6. Mezcle los frijoles caritas, las espinacas y los guisantes verdes. Continúe cocinando mientras revuelve con frecuencia.
7. Cocine hasta que la espinaca esté tierna, unos 10 minutos más. Alejar del calor. Ajuste los condimentos al gusto.
8. Justo antes de servir agregue la menta.

Bastones De Verdura Con Salsa De Aguacate

Ingredientes:

- Pepino.

- Zanahoria.

- Apio.

- Aguacate.

- Tomate.

- El zumo de ½ limón.

- Pimienta negra.

- Aceite de oliva.

- Sal baja en sodio.

Direcciones:

1. Preparas un tradicional guacamole, picando el aguacate y añadiéndole el tomate y el zumo

de limón, además de la pimienta y la sal. Mezclas todo muy bien, agregando por último el aceite de olivo.

2. El pepino, la zanahoria y el apio los cortas en juliana, es decir en tiras a modo de cuenco, y listo, a disfrutar de este rico aperitivo para amortiguar el hambre.

Licuado Purificador De Pepino Y Tomate.

Ingredientes:

- 1 tomate.
- El zumo de ½ limón.
- 1 pepino.
- Una o dos hojas de menta.

Direcciones:

1. Licúas muy bien el pepino y el tomate juntos. Si no te gustan, retiras las semillas de ambos antes de licuar. En el proceso de licuado, añades el limón y la menta.
2. ¿Verdad que son muy fáciles de preparar estas recetas? Y sobre todo con Ingredientes:s que por lo común los tenemos en nuestro hogar.
3. Sin embargo, ante todo debes considerar que estas recetas no sustituyen tu alimentación,

son sólo para "amortiguar" el hambre o bien para acompañar tu comida, la cual, como hemos señalado, debe estar un poco más variada, sobre todo si piensas comenzar o continuar con tu dieta alcalina.

Cereal De Quinua De Almendras

Ingredientes:

- 4 cucharadas de mantequilla de almendras
- 3 cucharadas de jarabe de arce
- 4 tazas de copos de quinua
- 4 tazas de leche de almendras

Direcciones:

1. Precaliente el horno a 350 ° F. Forre un papel de hornear con papel pergamino.
2. Ponga la mantequilla de almendras y el almíbar en un recipiente.
3. Añadir en escamas de quinua.Mezclar. Vierta la mezcla en el molde para hornear.
4. Hornee en el horno durante 15 minutos, asegurándose de revolver cada 6 minutos.
5. Retire el cereal del horno y deje que se enfríe a temperatura ambiente.

6. Para servir, coloque porciones iguales de cereal en los tazones y vierta una taza de leche de almendras.

Combinaciones De Zanahorias Y Papas

Ingredientes:

- 2 dientes de ajo, picados

- 1 chalote, en juliana

- 1 zanahoria, cortada en tacos k fósforos

- 1 papa, cortada en tiras gruesas

- 1 batata, cortada en tiras gruesas

- 1 taza de caldo de verduras

- 1 cucharada de aceite de oliva

- 1/8 taza de cacahuetes tostados con ajo, triturados, para decorar

- Pizca de sal marina

- Pizca de pimienta blanca

Direcciones:

1. Verter en el wok a fuego medio. Agregue y saltee el ajo y el chalote hasta que esté suave y aromático. A excepción del caldo de verduras, agregue los Ingredientes:s restantes.
2. Sofríe hasta que la mayoría de las cerillas estén ligeramente chamuscadas y doradas. Vierta en caldo de verduras.
3. Revuelva suavemente. Pu t tapa en. Baje el calor a la configuración más baja.
4. Cocine hasta que las batatas estén tiernas, unos 20 minutos. Apagar el calor
5. Gusto; ajustar el condimento si es necesario. Servir caliente con un rociado de Crujientes, cacahuetes tostados.

Crostini Con Crema De Tomate

Ingredientes:

- 1 tomate verde, picado
- 1 tomate rojo, picado
- 1 hoja fresca de orégano, cortada en juliana.
- Pizca de sal marina
- Pizca de pimienta blanca
- 2 rebanadas de pan grueso
- 2 dientes de ajo, pelados
- 1/2 cucharadita de aceite de oliva
- Propagación de tomate
- Polvo de cayena, opcional

Direcciones:

1. Precaliente el ov en tostador. Frote los dientes de ajo a ambos lados del pan tostado.
2. Mezclar los Ingredientes:s de tomate en un tazón pequeño.

3. Gusto; ajustar el condimento si es necesario. Unte sobre rebanadas de pan. Coloque crostini en el horno tostador para calentar a través. Retírelo del calor.
4. Rociar en aceite de oliva justo antes de servir.

Fresa, Coco, Chía, Quinoa

Ingredientes:

- 1 ½ tazas de cáñamo o leche de coco
- 2 dátiles medjool picadas
- 2 cucharadas de trozos de almendra
- 1 taza de quinoa
- ½ taza de fresas en cuartos + 3 fresas en cubitos
- 5 cucharadas de semillas de chía
- 2 cucharadas de copos de coco

Direcciones:

1. Durante la noche, cocina la quinoa y la fresa chía mezclando leche de almendras, fresas y 2 dátiles en una batidora y pulsando hasta que

quede suave. Vierte la mezcla en un frasco y decora con semillas de chía.

2. Mezcla hasta que las semillas de chía estén recubiertas con el líquido. Cubre y coloca en la nevera durante la noche.

3. Por la mañana, agrega todos los INGREDIENTES: a un tazón y sírvelo frío.

Ensalada Dulce Y Sabrosa

Ingredientes:

- 1 aguacate rebanado
- ¼ taza de carne de pistacho picada
- 1/2 pepino en rodajas
- 1 granada sembrada o 1/3 taza de semillas

De aderezo:

- ½ taza de aceite de oliva
- ¼ taza de vinagre de manzana
- 1 diente de ajo picado

Direcciones:

1. Tritura o corta la lechuga en un tazón grande. Añade el resto de los INGREDIENTES: y mezcla con una pinza. Rocía con aderezo para ensaladas.

Tofu Revuelto

Ingredientes:

- ½ Cucharadita De Comino
- ½ Cucharadita De Cúrcuma
- ½ Cucharadita De Paprica
- ½ Taza De Levadura
- Sal (al gusto)
- 3 dientes de ajo
- 1 Cebolla
- 3 Tomates
- Tofu (Firme)
- Espinaca Baby

Direcciones:

1. Pica la cebolla en dados en un bol. Desmenuza los dientes de ajo.
2. Luego, agrega la mitad de las cebollas picadas en dados en una sartén. Déjalas que permanezcan sobre el fuego por 5 minutos.
3. Agrega ajo en la sartén y cocina por otro minuto.
4. Agrega tomates y algo de tofu. Mantén el fuego por 9 minutos.
5. Agrega paprica, algo de agua y comino. Revuelve bien y sigue cocinando.
6. Al final, agrega la espinaca.
7. ¡Sirve el plato!

Theplas

Ingredientes:

- 1 Cucharadita De Cúrcuma
- ½ Taza De Harina De Soja
- Semillas De Sésamo
- ½ Taza De Harina De Ragi
- Paneer (queso indio)
- 2 dientes de ajo
- Cilantro (Picado)
- 1 Cebolla (En Cubos)
- Sal (Al Gusto)
- 1 Pimiento (Picado)

Direcciones:

1. Toma una sartén y agrega un poco de aceite. Deja que se caliente por 1 minuto.
2. Agrega la cebolla y el ajo en ella. Revuelve bien hasta que se vuelvan dorados.
3. Luego agrega paneer, cilantro, pimiento y sal. Cocina por 3 minutos. Retira del calor y deja que se enfríe.
4. Déjalo a un lado. Haz una masa con harina de ragi, semillas de sésamo y harina de soja. Cocina la thepla con poco aceite.
5. Pon el relleno que ya está preparado por encima.
6. ¡Sírvelo fresco!

Gachas De Mijo Con Jarabe De Arce

Ingredientes:

- 1 pizca de sal

- ¼ taza de jarabe de arce

- 1 cucharada de canela

- Agua de almendras

- 10 tazas de agua

- 1 taza de mijo

Direcciones:

1. Agrega agua en una olla grande. Déjala hervir por 1 minuto.
2. Luego, agrega un poco de mijo y sal. Ahora, tápalo y baja el fuego.
3. Cocínalo por 15 minutos.
4. Agrega agua de almendras y canela.

5. Continúa cocinando el mijo por otros 20 minutos.
6. Agrega jarabe de arce y revuelve bien.
7. Haz una mezcla suave.
8. ¡Sírvelo caliente!

Sopa De Vegetales Y Frijoles Alcalina

Ingredientes:

- 4 cucharadas de aceite de oliva
- 1 litro de caldo de verdura libre de levadura (orgánico si es posible)
- 1 lata de frijoles blancos pre-cocidos
- 1 cebolla roja
- Sal marina celta o sal del Himalaya
- 250 gramos de vegetales verdes (una selección de repollo verde, espinaca y Rúcula funcional realmente bien)
- 1 zanahoria
- 1 vara de apio
- 2-3 dientes de ajo

- 60 gramos de pan germinado del día anterior (o alguna alternativa más saludable)

- 1-2 ramitas de romero

- Pimienta negra recién molida

Direcciones:

1. Lava los vegetales verdes y córtalos. Pela la zanahoria, lava la vara de apio y corta ambos en tiras y luego en pequeños cubos. Pela los dientes de ajo y córtalos en pedazos muy finos. Corta el pan germinado en partes con formas de cubo. Lava las ramitas de romero, quítales las agujas y córtalas en pedazos pequeños

2. Calienta gentilmente 1 cucharada de aceite en una cacerola grande. Agrega la zanahoria, el apio y el ajo y fríelos muy brevemente en el aceite. Revuelve el resto de los vegetales juntos con el romero

3. Agrega el pan y el caldo y deja que caliente. Reduce el fuego a media medida y cobre la cacerola con una tapa. Cocina los vegetales por alrededor de 15 minutos hasta que empiecen a ablandarse.
4. Drena los frijoles enlatados en un colador y deja que el agua corra a través de ellos hasta que toda el agua haya sido drenada fuera de ellos.
5. Agrega los frijoles a la sopa y déjalos cocinar alrededor de 25 minutos mientras lo revuelves ocasionalmente. La idea es que la sope se espese. Prueba la sopa sazónala al gusto con sal y pimienta
6. Aquí tienes dos opciones: puedes dejar la sopa a que se enfríe y gentilmente recalentar como lo hacen los italianos o pelar las cebollas justo después de cocinarla y cortarla en tiras muy finas.

7. Pon las tiras de cebollas in un pequeño plato y pon la cacerola de sopa directamente en la mesa. Toma tanta Ribollita como quieras rocía sobre las tiras de cebolla y pon encima unas gotas de aceite de oliva.
8. ¡Buon appetito!

Sopa Tom Yum Alcalina

Ingredientes:

- 2 hojas de lima Keffir
- 2 dientes de ajo
- 2 tomates picados en cuatro partes
- Un puñado de cilantro
- Amino liquido Braggs o salsa de soya (Bragg es mas alcalino)
- 1 rama de hierva de limón
- 1-2 chiles rojos
- ½ cebolla marrón cortada en pedazos grandes
- Una cantidad pequeña, dos tiras de malanga
- Una cantidad similar de jengibre fresco

- 600 ml de caldo de vegetales

Direcciones:

1. Primero, prepara todos los sabores. Corte algunas tiras finas de jengibre y galanla, corta el tallo del chile y aplástalo con la parte plana del cuchillo (no necesitas cortarlo), corta el limón de hierva en pedazos de 1.5 pulgadas y aplástalos.
2. Aplasta el ajo y rasga las horas de lima en dos. A este punto ya debes sentir los diferente olores
3. Ahora agrega todas esas piezas llenas de sabor en una cacerola y viérteles el caldo y la cebolla.
4. Una vez que empiece a hervir agrégale el tofu. 2 minutos después agrégale el tomate y un minuto después añádele el cilantro y brotes de frijoles si así lo quieres, luego remueve del fuego y sirve inmediatamente

5. La sopa debería estar caliente y deliciosa. Si la quieres más dulce y estas más que feliz de que sea menos del 100% alcalina, puedes agregarle una pizca de azúcar morena. Sazónalo con sal y pimienta.
6. Personalmente, me encanta sin azúcar, pero el azúcar ayuda a reducir el impacto del chile.

Papas Fritas Caseras De Calabacín

Ingredientes:

- 1 cucharadita de sal marina

- 1 pimiento rojo, sin semillas, cortado en cubitos

- ½ cebolla blanca dulce, picada

- ¼ taza de caldo de verduras

- 4 calabacines medianos

- 1 cucharadita de cebolla en polvo

- ½ taza de champiñones, rebanados

Direcciones:

1. En un recipiente mediano apto para microondas, calienta los 4 calabacines en el microondas durante unos 4 minutos o hasta

que estén tiernos. Deje que los calabacines se enfríen.

2. Agrega el caldo en una sartén grande antiadherente a fuego medio, agrega el pimiento rojo y la cebolla. Saltee sus verduras durante 5 minutos.
3. Mientras se cocinan las verduras, corte los calabacines en cuartos.
4. Agrega los champiñones, la cebolla en polvo, la sal y los calabacines a la sartén. Cocine la mezcla durante unos 10 minutos o hasta que los calabacines estén crujientes.
5. ¡Servir y disfrutar!

Pie De Mora

Ingredientes:

- ¼ cucharadita de canela
- 6 tazas de mora, en rodajas
- ¼ de taza de leche de coco sin azúcar
- 1 vaina de vainilla, cortada a lo largo y sin semillas
- ½ taza de jugo de naranja, recién exprimido

Direcciones:
1. Combina todos tus ingredientes.
2. En una sartén mediana a fuego medio-alto, cocina la mezcla de frutas. Cocine la mezcla de frutas durante 10 minutos.
3. Divida la mezcla de frutas en cuatro platos para servir.
4. Cubra con 1 cucharada de leche de coco.

5. ¡Servir y disfrutar!

Compota De Frutas De Higos Y Jengibre

Ingredientes:

- 1 paquete de stevia
- ½ cucharadita de clavo
- ½ cucharadita de canela
- 1 cucharadita de jengibre, fresco y rallado
- 1 vaina de vainilla, partida a lo largo y sin semillas
- ¼ de taza de cerezas oscuras
- 1 manzana, pelada, sin corazón y cortada en cubitos
- 2 mandarinas, peladas y cortadas en rodajas
- ½ taza de ciruelas, secas y partidas por la mitad

- ½ taza de higos, sin tallos y en cuartos

- 1 taza de agua filtrada

Direcciones:

1. En una cacerola, mezcla todos los ingredientes.
2. Llevar a fuego medio y cocinar durante 10 minutos, revolviendo ocasionalmente o hasta que la fruta esté tierna.
3. Retirar de la fuente de calor, luego dejar reposar durante 30 minutos.
4. ¡Sirve caliente y disfruta!

Jugo De Leche De Espinaca

Ingredientes:

- 90 g de rodajas de jengibre

- 4 dientes de ajo, pelados

- 2 pepinos, pelados y cortados en rodajas

- 1 litro de leche cruda de almendras

- 900 g de espinacas

- 900 g de col rizada

- 2 limones, jugosos

Direcciones:
1. Calentar la leche de almendras y reservar.
2. Mientras tanto, extraer el zumo de la espinaca, el jengibre, el ajo y el pepino.
3. Ahora, combine el zumo verde fresco con leche de almendras caliente.

4. Revuelva bien. Agregue el jugo de limón.
5. Espolvorear un poco de canela en polvo por encima.
6. Disfrute!

Jugo De Tomate Y Coco

Ingredientes:

- 450 g de espinacas

- 8 tomates

- 500 ml de agua de coco, refrigerada

- 50 g de cilantro fresco

- Una pizca de sal del Himalaya

Direcciones:
1. Lavar primero el cilantro, las espinacas and tomatoes.
2. Peel tomatoes and place them in a juicer, add the greens.
3. Extract juices and mix it with some fresh coconut water.
4. Add some Himalaya salt.
5. Enjoy!

Jugo De Aguacate Y Almendra

Ingredientes:

- 4 cucharadas de jugo de limón
- 500 ml de leche de almendras cruda
- 2 cdas. de aceite de coco
- 400 g de ruibarbo
- 4 aguacates
- 1 litro de agua de coco
- 2 cdtas. de canela

Direcciones:

1. Limpiar y poner el ruibarbo en agua hirviendo. Dejar actuar 5 minutos. Escurrir y reservar.
2. Mientras tanto, deshuesar el aguacate y sacar la carne.

3. Colocar el aguacate en la licuadora. Agregue agua de coco, leche de almendras y ruibarbo.
4. Mezclar hasta obtener una pasta homogénea.
5. Añadir el zumo de limón, la canela y la leche de coco.
6. Colocarla en un vaso. Adorne con una rodaja de limón.
7. Disfrute!

Ensalada De Rúcula Y Pepino

Ingredientes:

Para el aderezo

- 2 cucharadas de aceite de oliva extra virgen
- ½ cucharada de Jugo de limón, recién exprimido
- Pizca de sal marina
- Pizca de pimienta negra molida
- 2 tazas de hojas de rúcula, picadas
- 1 pepino, cortado en cubitos
- 1 cebolla roja, picada
- ¼ taza de perejil fresco de hoja plana, picado

Direcciones:

1. Ponga el aceite de oliva, el jugo de limón, la sal y la pimienta negra en un tazón. Mezclar bien. Dejar de lado.
2. Mientras tanto, combine los filetes de sardina, pepino, hojas de rúcula, cebolla y perejil en un tazón. Mezclar bien.
3. Para servir, rocíe el aderezo preparado sobre la ensalada.

Ensalada De "Verduras Del Jardín"

Ingredientes:

- 1 cebolla blanca, picada
- 2 ½ cucharadas. perejil fresco de hoja plana
- 1 ½ cucharada. vinagre de vino tinto
- 2 cucharadas. aceite de oliva extra virgen
- Pizca de sal marina
- 1 taza de lechuga
- ½ taza de espinacas
- ½ taza de rúcula
- 1 pimiento rojo asado, cortado en cubitos.
- Pizca de pimienta negra molida, al gusto.

Direcciones:

1. Combine el vinagre, el aceite de oliva, la sal y la pimienta en un tazón. Mezclar bien.
2. Mientras tanto, armar el resto de los ingredientes. Vierta el aderezo por todas partes.
3. Cubra y coloque dentro de la nevera, hasta que esté listo para servir.

Chili De Maíz Vegetal

Ingredientes:

- 2 latas de frijoles negros, enjuagados, escurridos
- 1 cucharada de chile en polvo
- 1 cucharadita de comino molido
- 1 taza de maíz dulce orgánico
- 1 ½ tazas de agua
- ½ cucharadita de sal
- 1 cebolla picada
- 4 dientes de ajo, picados finamente
- 2 jalapeños frescos, picados, deseeded
- 1 pimiento verde, picado

- 1 cucharada de aceite vegetal

Direcciones:

1. Vierta el aceite vegetal en una cacerola. Saltear la cebolla, el ajo, el jalapeño y el pimiento. Cocine por 5 minutos, o hasta que estén tiernos. Revuelva con frecuencia.
2. Agregue el chile en polvo, los frijoles negros, el comino y la sal. Vierta el agua. Llevar la mezcla a ebullición.
3. Una vez que esté hirviendo, reduzca el fuego a fuego lento durante 30 minutos.
4. Añadir el maíz. Dejar hervir.
5. Reduce el fuego y cocina durante 5 minutos, sin tapar. Servir.

Parfait De Manzana Sin Lácteos

Ingredientes:

- 1 taza de manzana en cubitos

- ½ cucharadita de vainilla
- 1/3 taza de avena cruda laminada
- ½ taza de leche de almendra o coco
- ½ taza de anacardos empapados (remojo 30 minutos - 1 hora)
- 1 cucharada de semillas de cáñamo

Direcciones:

1. Mezcla la leche, los anacardos y la vainilla en una batidora y pulir hasta que quede suave.
2. Apila todos los INGREDIENTES: en una taza pequeña: Bate una cucharada grande de crema de anacardo.
3. Añade el puñado de manzanas, adorna con semillas de cáñamo y avena ¡y a disfrutar!

Sabroso Wrap De Aguacate

Ingredientes:

- 1 cucharadita de albahaca picada
- 1 cucharadita de cilantro picado
- 1 tomate en rodajas
- ¼ de cebolla picada
- 1 lechuga mantecosa
- ½ aguacate
- Puñado de espinacas
- Sal marina y pimienta

Direcciones:

1. Extiende el aguacate sobre una hoja grande de lechuga y decora con albahaca, cebolla, cilantro, tomate, espinaca y agregue sal y pimienta. ¡Enróllala como los tacos y disfruta!

Batido De Menta Y Mango

Ingredientes:

- 6 hojas de menta
- 1 taza de leche de coco
- 2 tazas de mango, picado
- ½ taza de agua

Direcciones:

1. Coloque los mangos y las hojas de menta en una licuadora y pulsa Vierta la leche de coco y el agua.
2. Mezclar los INGREDIENTES: durante 30-40 segundos y luego verter en vasos. Servir de inmediato.

Broc Coli Quiche

Ingredientes:

- 1 cebolla, picada finamente
- 1 1/2 tazas de queso, rallado
- 1 cáscara de tarta, sin hornear
- 1 1/2 tazas de leche evaporada descremada
- 2 cucharadas de ps. mantequilla
- 2 tazas de brócoli fresco, picado
- 4 huevos bien batidos.
- 2 dientes de ajo, picados
- Pizca de sal
- Pizca de pimienta

Direcciones:

1. Precaliente el horno a 350 grados F.
2. Derrita la mantequilla en una cacerola al arge a fuego medio.
3. Saltear el ajo, la cebolla y el brócoli. Cocine lentamente mientras revuelve el anillo ocasionalmente hasta que esté tierno.
4. Transfiere los vegetales cocidos al pastel de los infiernos. Cubra con queso. Mezclar la leche y el huevo . Condimentar con sal y pimienta.
5. Vierta la mezcla de leche sobre la capa de vegetales y queso. Hornear durante 30 minutos.
6. Deje enfriar un poco antes de servir.

Cazuela De Verduras

Ingredientes:

- 1 taza de zanahorias, picadas
- ½ -1 taza de picatostes sazonados
- 10¾ oz lata de crema de champiñones condensada, sin diluir
- 1 taza de brócoli, cortado en Flore tamaño de un bocado ts
- 1 taza de coliflor, cortada en flósculos del tamaño de un bocado
- 8 oz de queso vegetal para untar de queso untable

Direcciones:
1. Coloque todas las verduras en un bol. Agregue la sopa y la crema de queso en la mezcla.

2. Vierta la mezcla en un plato para hornear que haya sido engrasado.
3. Ponle encima los picatostes.
4. Colóquelo en el horno y hornee a 375 grados durante 25 minutos hasta que esté dorado y burbujeante.

Ensalada De Coliflor Y Col Rizada A La Cúrcuma

Ingredientes:

- 5 tallos de col toscana o col rizada (lavada y secada)
- 2 tomates
- 1 cucharada de cúrcuma (fresca y rallada)
- ½ limón
- ¼ cucharadita de paprica
- ¼ cucharadita de pimienta cayena
- ¼ cucharadita de salsa tamari orgánica o aminoácidos líquidos bragg
- Aceite de oliva
- ½ Aguacate
- 1 pimentón o pimiento

- ½ cabeza de coliflor (lavada y secada)
- 1 tallo de apio
- Semillas de calabaza
- Pimienta negra y sal del himalaya
- Aceite de coco

Direcciones:
1. Precaliente el horno a 355°F o 180°C.
2. Corta o rasga la cabeza de la coliflor en floretes y colócalos en un tazón. Combina paprica, pimienta, pimienta cayena, cúrcuma, sal y 2 cucharadas de aceite de coco. Mézclalos todos muy bien.
3. Haz un revestimiento en el recipiente para hornear usando polvo de hornear. Extiende la coliflor sobre ella.
4. Coloca el recipiente en el estante medio del horno por 20 minutos - asegúrate de chequear regularmente para asegurarte que

la coliflor no se queme. Si empieza a quemarse, cámbiala al estante de abajo.
5. Luego, corta la col y haz pedazos. Coloca los pedazos en un tazón grande. Agrega jugo de lima.
6. Masajéalas usando tus manos por un minuto. Ahora agrega la salsa tamari o Bragg y coloca la mezcla en los platos.
7. Corta el pimiento o pimentón y el apio en rebanadas delgadas. Corta el aguacate en trozos grandes. Pica los tomates groseramente.
8. Ponlos todos por encima del plato de col, el cual ya está listo. Esparce las semillas de calabaza por encima y rocía un poco de aceite de oliva también.
9. Después de que hayas terminado con la coliflor, retírala del horno. Colócala encima de la ensalada. Sirve instantáneamente.

Calabazas Espagueti Rellenas De Quínoa

Ingredientes:

- 1 taza de guisantes verdad (al vapor)

- 2 cucharadas de aceite de coco

- 2 cebolletas (rebanadas, solo la parte blanca)

- 1 cucharadita de polvo de ajo

- ¼ taza de nueces (cortadas)

- 1 ½ taza de quínoa (cocida)

- 1 pimentón (rojo) o 1 naranja

- 2 cucharaditas de tomillo (seco)

- 1 chalote (mediano)

- 1 calabaza espagueti grande o 2 pequeñas

- Pimienta negra y sal rosa (al gusto)

Direcciones:

1. Precalienta el horno a 400°F
2. Lava las calabazas espagueti. Rebánalas a la mitad. Retira las semillas y hornéalas hasta que se tornen tiernas por unos 40 minutos.
3. Mientras las calabazas comienzan a asarse, agrega 1 cucharada de aceite a la sartén y añade el chalote. Cocínalo.
4. Agrega el pimentón hasta que se suavice. Añade guisantes verdes, nueces, especias y la quínoa cocida hasta que se calienten. agrega sabor con pimienta y sal rosa.
5. Divide la calabaza en 2 mitades y ponlas de nuevo en el horno por 5 a 8 minutos.
6. Retíralas del horno y sírvelas luego de poner un poco de verde fresco por encima. puedes usar hojas de ensalada verdes (grande) y brócoli.

Rollos De Sushi Alcalinos Instantáneos

Ingredientes:

Para el hummus o salsa:

- 1 pizca de comino

- 1 diente de ajo

- 1 poco de aceite de oliva

- ½ limón (usa solo su jugo)

- 1 cucharada de tahini

- 11g de garbanzos (enlatados, escurridos o puedes prepararlos de forma seca)

- 1 puñado de almendras

- 1 pizca de sal del himalaya

Para los rollos:

- 1 pepino (rebanadas en forma de palitos de fósforo)

- 1 pimiento (rebanadas en forma de palitos de fósforo)

- 1 aguacate (pelado, rebanado)

- 1 zanahoria (rebanadas en forma de palito de fósforo)

- 2 calabacines (medianos, uno da de 5 a 6 tollos)

- 1 puñado de cilantro (pequeño)

Direcciones:
Para el hummus o salsa de almendras:
1. Coloca todos los INGREDIENTES: en una licuadora o un procesador de alimentos. Mézclalos hasta que se vuelva uniforme.

2. Añade una pequeña cantidad de jugo de limón y aceite de oliva en proporciones iguales para obtener una mezcla consistente.

Para los rollos alcalinos:

3. Corta las puntas del calabacín. Pela los vegetales usando un pelador con cuidado y haz tiras largas – cuida tus dedos mientras haces esto.
4. Extienda cada tira y luego extienda una capa agradable y gruesa de salsa de almendras o hummus por sobre estas tiras, suficiente para pegarlas.
5. Agrega algunas tiras de aguacate y vegetales y ponles algo de cilantro.
6. Espolvorea las semillas de sésamo por encima y enróllalos.
7. Sírvelos calientes.

Ensalda De Quinoa Alcalina

Ingredientes:

- 1 remolacha
- Un puñado de guisantes bebes
- Un puñado de albahaca
- Una buena pizca de hojas de salvia
- Una pizca de sal saludable (Celta, Himalaya, etc.)
- Una piza de pimienta negra
- 15 tomates cherry
- 1 porción de quínoa
- 1 zanahoria
- 1 aguacate

- Un aderezo de aceite de oliva con jugo de limón

Direcciones:

1. Mezcla una parte de quínoa en 5 partes de agua, ponlo a hervir y llévalo a fuego lento hasta que el agua sea absorbida
2. Cocina al vapor los guisantes bebes por algunos minutos y luego ponlos aparte
3. Ralla o usa un rebanador espiral para la zanahoria y la remolacha en un bol
4. Rebana tu aguacate como gustes y luego agrega todo en un bol grande con las hiervas
5. Corta los tomates a la mitad, rocía con aceite de oliva y coloca a la parrilla por unos 5 minutos
6. Mézclalo todo en un bol grande y agrega el aderezo de aceite de oliva y jugo de limón

Ensalada De Col Rizada

Ingredientes:

- ½ taza de semillas de sésamo
- 1 cebolla roja a la mitad
- Aceitunas negras crudas
- ¼ taza de aceite de oliva o aguacate o Udo's Choice
- Una pizca de sal del Himalaya
- Unas pizcas de líquido amino Bragg o pHlavor
- 1 puñado grande de col rizada
- 2 zanahorias
- 2 puñados de tomates cherry
- El jugo de 1 limón
- ½ taza piñón mojado
- Una pizca de pimienta negra

Direcciones:

1. Primeramente, corta en tiras finas la col rizada, ralla las zanahorias y corta los tomates a la mitad
2. Rebana la cebolla bastante delgada y corta las aceitunas a la mitad (asegúrate de que no haya semilla en las aceitunas)
3. Mézclalo en un bol grande con todo los demás
4. ¡Si estas en transición, puedes agregarle tomates secos, queso de cabra, etc. A la receta, aunque honestamente es deliciosa así como es!
5. Disfrútalo como plato principal o como una ensalada acompañante para tu plato principal

Semilla-Coco-Smoothie

Ingredientes:

- 4 cucharadas de semillas de girasol
- 10 cucharadas de almendras
- 50 g de crema de coco
- 500 ml de agua de coco
- 300 g de pulpa de coco
- 4 cucharadas de semillas de lino
- 4 cucharadas de semillas de sésamo
- 4 cucharadas de semillas de calabaza
- Una pizca de sal del Himalaya

Direcciones:

1. Poner las semillas de lino, las semillas de sésamo, las semillas de calabaza, las semillas

de girasol en una sartén pequeña y calentarlas a fuego lento durante unos minutos.
2. Colocar la pulpa del coco y el agua en la licuadora. Mezcle hasta que esté suave.
3. Retirar las semillas de la sartén y mezclar hasta obtener un polvo grueso.
4. Picar las almendras en trozos grandes y colocarlas en la misma sartén. Mezcla.
5. Mezclar la mezcla de nueces y semillas con la mezcla de carne de coco.
6. Calentar a fuego lento durante 5 minutos para ayudar a liberar el sabor a nuez.
7. Poner encima una cuchara llena de crema de coco y espolvorear las almendras para servir.
8. Disfrute!

Batido De Coco Con Limón Y Aguacate

Ingredientes:

- 200 g de pulpa de coco

- 500 ml de agua de coco

- 2 cucharaditas de sal del Himalaya

- 4 cucharadas de aceite Omega 3

- 4 cucharadas de aceite de oliva

- 4 limones, jugosos

- 4 aguacates

- 2 lima

- Un puñado de cubitos de hielo

Direcciones:
1. Pelar la lima y cortarla en trozos pequeños. Deje a un lado.
2. Desgranar el aguacate y sacar toda la carne.
3. Colocar en la licuadora junto con los cubitos de hielo, la carne de coco y el agua de coco y batir hasta que quede completamente suave.

4. Añadir el aceite Omega 3 y el aceite de oliva. Deje que se mezcle.
5. Servir con lima y una pizca de sal del Himalaya rociada por encima.

Ensalada De Melón

Ingredientes:

- 1 taza de melón, en cubos
- ¼ taza de semillas de sandía, asadas
- 1 taza de melón, en cubos
- 1 taza de sandía, en cubos
- 1 taza de sandía amarilla, en cubos

Direcciones:

1. Excepto la sal marina, coloque los INGREDIENTES:restantes en un tazón; Añadir en gelatina en rodajas. Mezcle suavemente para combinar.
2. Sirva porciones iguales en tazones; Decorar con semillas de sandía si se usa. Servir.

Col Rizada De Ajo

Ingredientes:

- 1 puñado de col rizada, triturada
- 2 cucharadas de aceite de oliva
- 4 dientes de ajo, picados

Direcciones:

1. Cocer el ajo y una olla de aceite de oliva a fuego medio. Asegúrese de revolver el ajo mientras cocina. Cuando el ajo se haya vuelto suave, tirar la col rizada.
2. Continuar revolviendo la col rizada mientras se cocina. El plato estará listo cuando la col rizada se convierta en un tono de verde brillante.

Ensalada De Patatas Y Espárragos Gou Rmet

Ingredientes:

- 1 lata de granos de pimienta verdes, picados

- 1/4 taza de suero de leche

- 1/3 taza de mayonesa

- 1 cucharada de eneldo fresco , picado finamente

- Pizca de sal

- 1 taza de hojas de cohete bebé

- 2 tazas de papas, cortadas en diagonal

- 2 racimos de espárragos, cortados a la mitad en diagonal

- Pizca de pimienta negra molida.

Direcciones:

1. Coloque las papas en una cacerola. Verter agua fría. Coloque la sartén a fuego alto y luego deje hervir.
2. Cubra la sartén y luego cocine hasta que esté suave (generalmente toma alrededor de 8 minutos) Enjuague los recipientes con agua corriente fría y luego escúrralos bien.
3. Mientras cocina las papas, coloque el agua salada en una cacerola mediana. Llevar a ebullición y luego colocar para espárragos.
4. Cocine durante 2-3 minutos o hasta que estén tiernos, crujientes y de color verde brillante. Deje correr agua fría sobre las lanzas y luego escúrralas bien.
5. En un bol, coloque el suero de mantequilla, la mayonesa, el vinagre, el eneldo y la pimienta en grano. Batir con un tenedor hasta que esté bien mezclado. Pruebe y agregue sal y pimienta a su gusto .

6. En un tazón para servir (grande), coloque las hojas de espárragos, papas y tartas y luego mezcle suavemente para combinar los ingredientes. Vierta ligeramente la mezcla de mayonesa. Servir recién hecho.

Salmón Al Curry Y Vegetales De Primavera

Ingredientes:

- 1 cebolla (en cubos)

- ½ taza de guisantes de nieve

- 2 zanahorias (en cubos)

- 4 tazas de caldo de vegetales

- 1 onza de leche de coco (sin azúcar)

- 2 racimos de verduras (puedes usar cualquier tipo como col rizada, nabos, bok choy, acelgas, escarola)

- Cilantro (fresco, para decorar)

- 1 puñado de espárragos

- 3 cucharadas de aceite de coco

- 1 cucharada de curry en polvo

- De 8 a 12 onzas de salmón de Alaska
- 2 tazas de garbanzos (enlatados o cocidos)
- Sal (al gusto)

Direcciones:

1. Toma una sartén y saltea el salmón con aceite de coco. Hazlo a un lado.
2. Durante esto, toma una olla y calienta aceite de coco. Saltea las cebollas con especias de curry para que las cebollas se ablanden durante 3 – 5 minutos.
3. Agrega leche de coco, guisantes y vegetales. Cocina a fuego lento. Añade algo de caldo de verduras.
4. Cocina a fuego lento hasta que los vegetales se ablanden (alrededor de 15 minutos). Agrega verduras verdes y sazona la mezcla con sal y pimienta.
5. Sirve el plato con quínoa.
6. Decora con cilantro.

Zucchini Marinado A La Italiana Con Tomates Secos

Ingredientes:

- ½ taza de tomates secos (picados)
- 1 cucharada de orégano (molido)
- 1 cucharada de eneldo (molido)
- 1 cucharada de albahaca (molida)
- 2 calabacines amarillos (frescos)
- 2 zucchinis (frescos)
- 1 cucharada de aceite de oliva
- 1 cucharadita de sal marina

Direcciones:

1. Rebaja el zucchini y el calabacín amarillo en rodajas finas, en forma de media luna. Colócalos en un tazón.
2. Luego, agrega el resto de los INGREDIENTES:en el tazón con los vegetales rebanados. Solo arrójalos.
3. Deja que los vegetales se marinen de 30 a 60 minutos.
4. Saltéalos rápidamente o cocínalos al vapor alrededor de 4 minutos o cómelos crudos o deshidrátalos por 30 minutos a 115°F.
5. Puedes también arrojar la mezcla a la parrilla por un momento y comerlos al estilo veraniego. Sírvelos calientes.

Tabulé De Mijo

Ingredientes:

- 1 cucharadita de sal marina (Celta)

- 1 ½ taza de tomates romanos (en cubos – de 3 a 4 tomates)

- 3 cebollas (verdes, rebanadas finamente)

- 1 ½ taza de pepino inglés (en cubos – 1 pepino)

- 1 ½ taza de perejil (fresco, cortado finamente)

- ½ cucharadita de sal marina en hojuelas (maldon)

- 1 limón (solo el jugo)

- 1 taza de mijo (enjuagado)

- 1/3 taza de aceite de oliva (extra virgen)

- 2 tazas de agua mineral o filtrada
- 1 diente de ajo (grande, aplastado)
- ¾ taza de menta (fresca, cortada de forma pequeña)

Direcciones:

1. Toma una cacerola mediana y agrégale agua. Llévala a punto de ebullición.
2. Añade el mijo, baja el fuego, mantenlo tapado y cocina a fuego lento de 15 a 20 minutos.
3. Retira del fuego y mueve el mijo con un tenedor. Deja que se enfríe y tápalo por 60 minutos. La textura debe ser firme, pero no blanda ni crujiente.
4. Agrega aceite de oliva, al ajo aplastado y jugo de limón. Déjalo reposar.
5. Mientras tanto, corta los vegetales y ponlos en un tazón grande.

6. Agrega el mijo cuando esté completamente frío y vierte sobre la mezcla de aderezo mientras revuelves bien el condimento.
7. Decora usando menta o perejil.
8. Sírvelo frío o a temperatura ambiete.

Sopa Alcalina De Tomate Y Aguacate

Ingredientes:

- 1 cebolla de primavera
- ¼ taza de almendras molidas (molidas por ti mismo, no en paquetes)
- 1 taza de caldo de verdura suiza
- ¼ cucharada pequeña de semilla de eneldo
- Una pizca de mienta de chile
- 5 tomates maduros y grandes (preferiblemente de árbol)
- 1 aguacate maduro
- Sal del Himalaya y pimienta negra molida al gusto

Direcciones:

1. Lava y drena los vegetales. Pela las zanahorias y córtalas en rebanadas. Corta el cebollín en varas gruesas. Ceca las hojas de espinacas y déjalas reposar en un plato llano
2. Coloca el aceite de oliva en un plato amplio aprueba de horno a fuego lento. Añade las zanahorias y pimientos, y sazona con pimienta y sal al gusto. Cubre el plato y cocina gentilmente por alrededor de 30 minutos o hasta que los vegetales estén tiernos
3. Revuelve el calabacín y cubre de nuevo y cocina por alrededor de 10 minutos. El calabacín debería ser tierno pero aun tener su color
4. Para servir coloca la ensalada aún caliente con sus jugos sobre las hojas de espinacas

Sopa De Tortilla

Ingredientes:

- 2 puñados grandes de espinaca

- 2 dientes de ajo

- 1 lima

- 1 maíz en la mazorca (alrededor de 4 pulgadas)

- 1 chile/jalapeño a tu gusto

- Una pizca de pimienta negra y de sal del Himalaya (o de sal del mar celta)

- 500 ml de agua (alcalina)

- 2 cucharadas pequeñas de caldo de verdura o un cubo de caldo de vegetal libre de levadura

- 1 un aguacate maduro

- ½ pimiento rojo

- 1 tomate

- ½ puñado de cilantro

- Un envoltorio de tortilla germinado

Direcciones:

1. Corta tu tortilla en rebanadas de 1 cm de ancho por 5 cm de largo y tuéstalo en la parrilla
2. Hierve el agua alcalina en una sartén grande y disuelve el cubo de caldo de vegetales para hacer un caldo de verdura
3. Corta los pimientos y tomates y rasga el cilantro Pela y pica el aguacate   Rebana el ajo
4. Rebana el chile o jalapeño a tu gusto
5. Lava y corta la espinaca y seca con una toalla de té

6. Ahora finalmente prepara el maíz rebanando los granos de la mazorca con un cuchillo afilado Pon todo en el caldo y cocina

Tazón De Nabo

Ingredientes:

- ½ cucharadita de sal marina
- ½ cucharadita de mezcla de hierbas Bouquet Garni u otras hierbas secas como salvia o romero
- 2 nabos, pelados y cortados en cubitos
- 1 cucharada de aceite de coco
- 1 pimiento rojo, sin semillas y picado
- 1 cebolla dulce, picada
- ¼ de taza de champiñones, rebanados
- 4 tazas de col rizada
- 2 tallos de cebollino, picados
- 1 cucharadita de cebolla en polvo

- 1 cucharadita de cebolla en polvo

Direcciones:

1. En un tazón, combine los nabos, el pimiento rojo, los champiñones, la col rizada, el cebollino, la cebolla, el aceite, la cebolla en polvo y la cebolla en polvo.
2. Caliente una sartén antiadherente a fuego medio y cocine las verduras, revolviendo con frecuencia durante unos 10 minutos o hasta que estén tiernas.
3. ¡Servir y disfrutar!

Leche De Cáñamo

Ingredientes:

- 2 tazas de agua de manantial
- 1/8 cucharadita. Sal marina
- 2 cucharadas. Agave
- 2 cucharadas. Semillas de cáñamo
- 1 taza de fresas (opcional)

Direcciones:

1. Triture todos los INGREDIENTES: excepto las frutas en la licuadora.
2. Deja que se mezclen durante 2 minutos.
3. Agregue frutas a la leche y deje que se mezcle durante 30 segundos más.
4. Guarda la leche en el frigorífico hasta que esté fría.
5. ¡Sirve y disfruta tu leche de cáñamo!

Sopa De Aspara Zincado

Ingredientes:

- 1 pimiento rojo

- 1 aguacate

- ¼ taza de cebolla seca

- 4 dientes de ajo fresco

- Aminos Líquidos de Bragg al gusto

- 1-2 cucharaditas Hierbas de Provenza de Spice Hunter

- 2 cucharaditas Eneldo delicioso de Spice Hunter

- 12 tallos de espárragos medianos (o 17 tallos delgados)

- 5-6 tomates grandes

- 1 taza de perejil fresco

- 3-5 tomates secados al sol (embotellados en aceite de oliva)

- 2 limones o limas, cortados en rodajas finas

Direcciones:

1. Mezcle los espárragos y los tomates rojos, el perejil, los tomates secos, el pimiento rojo, la cebolla, el ajo y las especias en un procesador de alimentos.
2. Mezcle el aguacate hasta que la sopa esté suave y cremosa.
3. Caliente en una sartén eléctrica y decore con rodajas de limón o lima.
4. Sazone con Bragg's al gusto.

Sopa De Apio

Ingredientes:

- 4-5 tallos de apio

- 3 tazas de agua pura

- 2 cucharadas Caldo de verduras instantáneo sin levadura

Direcciones:

1. Cocine el apio hasta que esté tierno. Agregue la mezcla de agua y caldo y vierta en la licuadora.
2. Mezcle 15-20 segundos. Recalentar y servir.
3. Use Bragg Liquid Aminos , aceite de semilla de lino y pimienta de cayena, al gusto.

Albóndigas De Tofu Toscana

Ingredientes:

- 1 taza de caldo de verduras (marca Pacific Foods of Oregon)
- ¼ taza de avena integral
- 2 tazas de albahaca fresca, finamente picada
- 2 tazas de perejil
- ¼ de cucharadita Pimienta negra, recién molida
- 2 cucharaditas "Zip" o pizca de Cayenne Pepper
- 1 cucharada Aceite de oliva
- 3 cucharadas Aminos líquidos de Bragg

- 1-2 tazas de migas de tortilla de trigo germinado

- 1 taza de arroz integral y salvaje cocido, 50/50

- 1 medicina Cebolla roja, finamente picada

- 2 dientes de ajo picados

- 2 tallos de apio con hojas, finamente picado

- 2 libras. Tofu FIRME (Nigari), desmenuzado

- Spice Hunter's Herbes de Provence al gusto (alrededor de 1 cucharadita)

Direcciones:
1. Tome 8-10 tortillas de trigo germinadas y déjelas secar en un mostrador o séquelas rápidamente en un horno a baja temperatura.
2. Rompe en pedazos pequeños y mézclalos en un procesador de alimentos hasta que estén finamente triturados.

3. Ponga a un lado en un tazón. Freír al vapor el apio, la cebolla y el ajo en una sartén eléctrica. Cocine hasta que se ablanden, unos 6 minutos.
4. Transferir a un tazón grande. Mezcle el tofu, el caldo de verduras, la avena y los aminoácidos líquidos hasta que quede suave.
5. Agregue la albahaca, el perejil, la pimienta negra y el "Zip" y pulse hasta que estén bien mezclados.
6. Agregar a la mezcla de cebolla. Agregue el arroz salvaje cocido y las migas de tortilla a la mezcla de cebolla. Mezclar bien.
7. La mezcla debe ser ligeramente pegajosa pero formar bolas con facilidad.
8. Si la mezcla está demasiado húmeda, es posible que deba agregar más migas de tortilla.

9. Precalentar el horno a 400 grados. Engrase ligeramente una bandeja para hornear galletas o una fuente para hornear.
10. Forme bolas con la mezcla. Enrolle cada bola en las migas de tortilla restantes para cubrir.
11. Hornee de 20 a 30 minutos o hasta que esté ligeramente dorado.
12. Sirva con salsa de macadamia con pimientos asados para mojar las bolas.

Ensalada De Rúcula, Berros Y Menta

Ingredientes:

- 100g de garbanzos
- ½ ramo de menta (fresca)
- 2 cucharadas de jugo de limón (fresco)
- Pimienta (molida)
- 100g de rúcula
- 100g de berro
- Sal del Himalaya

Direcciones:
1. Lava las hojas completamente y sécalas.
2. Colócalas dentro del tazón. Arrójalas en los garbanzos.
3. Esparce menta por encima y agrega aderezo de sal y pimienta. ¡Disfruta!

Faláfel Alcalino Crudo

Ingredientes:

- ½ taza de cebolla blanca (cortada)
- 1 taza de pimiento (cortado)
- 2 cucharadas de jengibre (cortado)
- 2 cucharadas de ajo (cortado)
- 2 cucharaditas de pimienta negra
- 1 cucharada de cilantro
- 2 cucharadas de aceite de oliva (extra virgen)
- 1 taza de perejil
- 2 tazas de semillas de girasol (brotado)
- 1 taza de tahini (crudo)
- 1 taza de garbanzos (brotado)

- 2 cucharaditas de sal marina (sal del Himalaya, real de Redmond o gris celta)

Direcciones:
1. Mientras preparas el faláfel crudo, germina los garbanzos y las semillas de girasol antes de comenzar la receta.
2. Para hacerlo, los garbanzos y las semillas se remojan durante la noche en un recipiente lleno de agua filtrada.
3. Cuélalos por la mañana y deja que se asienten por 12 horas al menos.
4. En este momento, puedes usarlos fácilmente (puedes enjuagarlos luego de 12 horas o deja que se asienten por más de 12 horas).
5. Después que los hayas germinado, pon todos los INGREDIENTES:en una licuadora para crear una mezcla uniforme.
6. Usando una cuchara para helado o las manos, crea bolas de faláfel (de 2 onzas cada una).

7. Colócalas en la hoja teflex. Deshidrátalas por 2 horas a 115°F. Retira la hoja, voltea las bolas y deshidrátalas por otras 3 horas.
8. Retira las bolas de faláfel y sírvelas calientes.

Pastel De Crema De Coco

Ingredientes:

- ½ tazas de copos de coco
- ½ lata de crema batida
- 2 tazas de carne de coco
- ½ taza de leche fría de coco
- 1 pieza de masa de tarta precocida
- Para el relleno.
- 1 taza de leche fría
- 1 mezcla de pudín de crema de coco instantánea

Direcciones:

1. En un recipiente de mezcla, mezcle la leche de coco, la leche fría y la mezcla de pudín

instantáneo. Revuelva bien por 3 minutos o hasta que el pudín se espese.
2. Doblar en crema batida. Coloque la mezcla en 2 tazones separados.
3. Extienda una mezcla sobre el fondo de la corteza de pastel. Capa de coco en la parte superior. Vierta el pudín restante.
4. Coloque dentro de la nevera durante 1 hora o hasta que esté listo y listo para servir.
5. Cortar el pastel en partes iguales . Espolvorear los copos de coco .

Panes De Banana

Ingredientes:

- 1½ taza de coco desecado

- ½ cucharadita de canela en polvo

- 1 cucharada de jarabe de arce

- Gota de extracto de vainilla.

- 4 plátanos, picados

- 1½ taza de nueces picadas

- Pizca de sal marina.

Direcciones:

1. Precaliente el horno a 350 ° F. Li ne un molde para pasteles con papel pergamino .
2. Vierta los plátanos, las nueces, el almíbar de arce , el coco, el polvo de canela, la vainilla y la sal en un procesador de

alimentos . Mezclar hasta formar una masa cremosa.
3. Poco a poco, vierta la masa en el molde para pasteles y distribuya la mezcla uniformemente.
4. Ba ke durante 30 minutos. Dejar enfriar durante 10 minutos. Rebanada. Servir.

Flores De Calabacín Rellenas Fritas

Ingredientes:

- 1½ tazas de agua

- Para el llenado

- Taza de cebolletas frescas, picadas

- ¼ taza de queso crema

- ½ taza de queso de cabra

- 2 cucharaditas crema agria

- 20 flores de calabacín

- Para el bateador

- 1½ tazas de harina de coco, finamente molida

- Pizca de sal marina

- 2 cucharaditas hojas de albahaca, picadas

- Pizca de pimienta negra, al gusto.

- aceite de oliva, para freír

Direcciones:

1. Ponga el queso crema, la crema agria, el queso de cabra, las cebolletas, las hojas de albahaca y la pimienta negra en un bol para mezclar. Revuelva bien la mezcla.
2. Cuchara una cantidad igual en flores de calabacín. Puntas de giro para sellar. Coloque dentro del congelador durante 1 hora o hasta que esté listo para usar.
3. Mientras tanto, combine la harina de coco, el agua y la sal en un tazón pequeño.
4. Después de 1 hora , rellene la freidora hasta la mitad con aceite de oliva. Sumerja el calabacín relleno f baja en la mezcla de la mezcla.
5. F ry hasta flores están ligeramente dorado. Escurrir sobre toallas de papel. Servir.

Pancakes Al Farro E Mirtilli

Ingredientes:

- ½ tazza di latte di cocco
- ¼ di tazza di acqua di sorgente
- 2 cucchiai di olio d'uva
- 1 tazza di farina di farro
- ¼ di tazza di mirtilli
- ¼ di tazza di sciroppo d'agave
- 1/8 di cucchiaino di muschio marino

Direcciones:

1. In una ciotola capiente, unire la farina, lo sciroppo d'agave, 1 cucchiaio di olio d'uva e il muschio di mare, e poi mescolare fino a quando il composto risulta lisio e omogeneo.

2. Sbattere il latte e l'acqua fino a quando la pastella liscia si riunisce e poi aggiungere i mirtilli.
3. Mettere una padella grande a fuoco medio, aggiungere l'olio rimanente e quando è caldo, versare la pastella, formare una cialda e cuocere per 2 o 3 minuti per lato fino a doratura e cottura.
4. Servire subito.

Stufato Di Ratatouille E Quinoa

Ingredientes:

- ½ tazza di quinoa.

- 6 tazze di brodo vegetale.

- 3 tazze di pomodori schiacciati.

- ¼ di tazza di peperoncini in barattolo, tritati.

- 3 foglie di alloro.

- 1 cucchiaio di olio d'oliva.

- 1 ½ tazza di melanzane, tagliate a dadini.

- 1 ½ tazza di zucca, tagliata in quattro e affettata.

- 2 spicchi d'aglio tritati.

- 1 ½ tazza di cipolla tritata.

- 1 ½ cucchiaino di foglie di timo secco.

Direcciones:

1. Preriscaldare un forno olandese a fuoco medio. Aggiungere le melanzane, le cipolle, l'aglio e le zucchine. Cuocere per circa 2 minuti.
2. Aggiungere la quinoa, l'alloro, il timo e soffriggere ancora per circa 8 minuti. Aggiungere il brodo vegetale, i pomodori e i peperoni. Portare a ebollizione.
3. Coprire, regolare il calore a basso e lasciare cuocere per altri 20 minuti. Togliere dal fuoco. Servire.

Batido De Hojas De Menta Fresca

Ingredientes:

- 1 litro de agua de coco fresca
- 300 g de higos frescos
- Unas hojas de menta fresca
- 4 aguacates
- 4 cdas. de jugo de limón
- Una pizca de sal del Himalaya
- Un puñado de cubitos de hielo

Direcciones:
1. Usar una cuchara para sacar la carne del aguacate.
2. Añadir el zumo de limón y la sal y mezclar bien.

3. Pelar la piel de los higos. Colocar el higo en la licuadora junto con el coco y el aguacate. Mezcle hasta que esté suave.
4. Añadir más agua de coco o hielo hasta obtener la consistencia deseada.
5. Servir con un espolvoreado de hojas de menta fresca por encima.
6. Disfrute!

Batido De Col

Ingredientes:

- 4 aguacates
- 2 cucharadas de jugo de limón
- 220 g de rodajas de calabaza
- Una pizca de sal del Himalaya
- 500 ml de agua (alcalina)
- 1 litro de agua de coco
- Un puñado de cubitos de hielo
- 400 g de col
- 200 g de escarola
- 2 cucharadas de semillas de sésamo
- 2 cucharadas de semillas de girasol

- 50 g de crema de coco

Direcciones:

1. Colocar las hojas de col en agua fría con cubitos de hielo.
2. Limpiar las endibias. Colóquelos también en agua fría.
3. Colocar el girasol y las semillas de ajonjolí en una sartén pequeña y calentar a fuego lento durante unos minutos. Deje enfriar.
4. Picar la calabaza en trozos pequeños.
5. Sacar la pulpa del aguacate con una cuchara y colocarla en una licuadora.
6. Añadir los INGREDIENTES:de uno en uno y mezclar hasta obtener una pasta homogénea.
7. Mezclar el líquido con el agua de coco.
8. Añadir un poco de crema de coco y semillas por encima.
9. Disfrute!

Batido De Clavo De Cayena

Ingredientes:

- 2 cucharadas de clavo de olor en polvo
- 2 cucharaditas de pimienta de cayena
- 2 cucharaditas de jengibre en polvo
- 2 cucharaditas de ajo en polvo
- 2 cucharaditas de comino en polvo
- 2 cucharaditas de cilantro en polvo
- 240 g de pulpa de coco
- 100 g de crema de coco
- 4 cucharadas de canela en polvo
- Una pizca de sal del Himalaya

Direcciones:

1. Poner la pulpa del coco y el agua de coco en una licuadora y licuar hasta que esté completamente suave y cremoso.
2. Calentar todas las especias a fuego muy lento durante 10 minutos. Poner la mezcla de coco en un vaso y mezclar con la mezcla de especias.
3. Espolvorear un poco de sal por encima y servir frío.
4. Disfrute!

Tomates Rellenos De Calabacín

Ingredientes:

- 2 cucharadita de sal

- 1 cucharada de aceite de oliva

- 2 calabacines amarillos (frescos)

- 1 zucchini (fresco)
- ½ taza de tomates (secos y cortados)
- 1 cucharada de eneldo (molido)
- 1 cucharada de aceite de oliva
- 1 cucharada de orégano (molido)
- 1 cucharada de albahaca (molida)
- Queso cremoso
- 1 taza de nueces de macadamia
- 1/3 taza de agua
- ¼ taza de piñones
- ½ pimentón rojo
- ¼ taza de jugo de limón
- 1 tomate (mediano)

Direcciones:

1. Añade el queso cremoso y los otros INGREDIENTES:a la licuadora excepto el pimentón. Licúa a alta velocidad. Después de esto, agrega el pimentón. Licúa otra vez.
2. Rebana el zucchini. Córtalos en forma de media luna, delgado. Colócalo en un tazón. Luego, arroja los vegetales en rebanadas con los tomates secos y especias. Deja que se marinen por 1 hora.
3. Saltéalos rápidamente por 4 minutos o cómelos crudos. También, puedes deshidratarlos a 115°F por 1 hora.
4. Por último, corta los tomates a la mitad. Saca su interior para crear tazas. Pica el interior que sacaste con 2 cucharaditas del zucchini marinado.
5. Agrega una cucharada grande de queso cremoso. Mezcla todo.

6. Ahora, rellena los tomates con esta mezcla. Decora con eneldo, pimienta negra y paprica.

Sopa De Zucchini Y Albahaca

Ingredientes:

- 3 dientes de ajo
- Sal (al gusto)
- 6 tazas de caldo de vegetales
- De ½ a ¾ tazas de agua
- 1 puñado de albahaca (fresca)
- 2 cucharadas de aceite de coco
- 1 cebolla (mediana, cortada)
- 2 cucharadas de aceite de oliva (extra virgen)
- 4 zucchinis (rebanados)
- ½ taza de anacardos (remojados durante la noche)

Direcciones:

1. Remoja los anacardos para hacer crema de anacardo. Escúrrelos y enjuágalos. Ponlos en una licuadora con agua que cubra un poco los anacardos.
2. Haz un puré esta mezcla para que quede suave. Continúa agregando agua para crear una consistencia de crema espesa. Puedes colar esta crema a través de una malla para eliminar las piezas gruesas.
3. Toma un tazón grande y agrega un poco de aceite de coco. Añade aceite de oliva. Una vez listo, incluye ajo y cebolla con algo de sal.
4. Mientras la mezcla se torna dorada (alrededor de 7 – 10 minutos), incluye zucchini. Saltea por 3 – 5 minutos más.
5. Ahora añade los vegetales. A fuego lento. Deja que el zucchini se ablande y que los sabores se mezclen durante unos 15 – 20 minutos.

6. Haz puré esta mezcla en una licuadora y cuela a través de un colador. Ponla de vuelta a en la olla. Agrega la crema de anacardo. Añade albahaca y sazona con sal y pimienta.

Verduras De Temporada Asadas Con Crema De Ajo Elefante

Ingredientes:

- 2 tallos de romero (fresco)
- Zanahorias (en cuartos o mitades a lo largo)
- ½ calabaza bellota (en cubos y sin semillas)
- Pimientos dulces (sin semillas y en mitades)
- 10 hojas de salvia (fresca)
- 2 cucharadas de aceite de coco
- 2 manojos de rábanos (en mitades)
- De 8 a 12 tupinambos (cortados en pedazos de 1 pulgada)
- 1 docena de coles de Bruselas (en mitades)
- Remolachas doradas (en 1/6 o 1/4)

- 1 cucharada de sal marina (sal gruesa, celta o del Himalaya)

Para la Salsa:

- 2 cucharada de jugo de limón
- 2 cucharada de aceite de oliva (prensado en frío y orgánico)
- 24 hojas de romero
- 2 hojas de salvia
- 1/8 cucharadita de sal marina
- 2 dientes de ajo elefante (asado y a la mitad)
- ½ taza de almendras o acelgas (remojadas en agua por 30 a 60 minutos, enjuagadas)
- ½ taza de agua
- 1 diente de ajo (pequeño)

Direcciones:

1. Precalienta el horno a 350°F. Coloque los dientes de ajo en el asador después de frotarlo con aceite de coco con una brocha.
2. Luego, empieza a lavar y cortar los vegetales. Mezcla cada uno con salvia, romero, aceite de coco y sal.
3. Rocía los vegetales con aceite lentamente.
4. Los dientes de ajo asados deben estar suaves, así que retíralos del horno y deja que se enfríen.
5. Pon la mezcla de vegetales en una asadera (escoge las llanas) para evitar que se agolpen y luego ásalos por 1 hora hasta que se ablanden.
6. Mientras se asan, prepara la salsa. pon todos los INGREDIENTES:excepto los dientes de ajo en un procesador de alimentos y licúalos para crear una mezcla cremosa.

7. Raspa los lados, pruébalo y verifica el sabor del ajo. Si es suave, agrega más dientes de ajo y revuelve bien. Licúa usando una licuadora.
8. ¡Sirve los vegetales con esta salsa de ajo!

Ensalda De Espinaca Y Ajo Rostisado

Ingredientes:

- El jugo fresco de medio limón
- 4 cucharadas de aceite de oliva extra virgen
- Sal del mar celta o del Himalaya
- 500 gramos de hojas de espinacas bebes, lavadas y drenadas
- 10 dientes de ajo sin pelar
- 40 gramos de piñón ligeramente tostado
- Pimienta negra recién molida

Direcciones:

1. Precalienta tu horno a 180 grados Celsius
2. Coloca los dientes de ajo en una paila pata tostar, añade 2 cucharadas de aceite y hornea por alrededor de 10-15 minutos hasta que los

dientes de ajo se hayan tornado ligeramente dorados y se hayan comenzado a suavizar
3. Coloca el ajo en un bol para ensaladas. Añade el jugo de limón, piñón, espinaca, y el resto del aceite de oliva y sazona al gusto

Receta De Tarta De Manzana

Ingredientes:

- 1/4 cucharadita clavo molido

- 1 cucharadita Pimienta de Jamaica

- 2 tazas de harina de espelta

- 1/3 taza de aceite de semilla de uva

- 1/2 taza de agua de manantial

- 3-4 libras manzanas para hornear

- 1/2 taza de agave

- 1/2 taza de azúcar de dátiles

- 1/2 cucharadita Sal marina / 1 cdta. Sal marina

- Limas (opcional)

Direcciones:

1. Precalienta tu horno a 425°F mientras cortas las manzanas en rodajas finas.
2. Coloque la pimienta de Jamaica, los guantes, el azúcar de dátiles, las manzanas y media cucharadita de sal marina en una sartén.
3. Pon tu cocina a fuego lento. Mezclar los INGREDIENTES:y cocinar a fuego lento durante 20 minutos.
4. Coloca la harina de espelta y una cucharada de sal marina en un procesador y licúa durante 10 segundos.
5. Agregue con cuidado el aceite de semilla de uva mientras mezcla. Agrega agua de manantial para formar una bola.
6. Coloque la masa en un molde para pastel para eliminar el exceso.
7. Agrega agave o cualquier otro Ingredientes: insuficiente a la mezcla de manzana.

8. Con un cuchillo o un cortador de pizza, corte tiras de 1 pulgada de la otra mitad de la masa.
9. Coloca las tiras vertical y horizontalmente sobre el pastel.
10. Llevar al horno hasta que esté dorado.

Receta De Donas

Ingredientes:

- 1/2 cucharadita Sal marina
- 1/4 cucharadita clavo molido
- Aceite de semilla de uva
- Hojuelas de coco (opcional)
- 3/4 taza de Harina de Garbanzos (Harina de Garbanzos)
- 1/4 taza de agua de manantial con gas
- 1 cucharadita Gel de musgo marino
- Glaseado (mezcle aceite de coco y agave a su gusto) (opcional)

Direcciones:
1. Con excepción del aceite de semilla de uva, agrega los demás INGREDIENTES:en un tazón

grande. Mezclar hasta que esté bien mezclado.
2. Precalienta tu molde para donas a 350 °F y luego espolvorea aceite.
3. Coloque la masa en el molde para donas y hornee por 14 minutos.
4. Reserva las donas hasta que se enfríen. Recorta los centros después.
5. Adorne la parte superior con hojuelas de coco y glaseado.

www.ingramcontent.com/pod-product-compliance
Lightning Source LLC
LaVergne TN
LVHW010223070526
838199LV00062B/4707